# The Giraffe and Other Stories: Bilingual Italian-English Stories for Kids

Pomme Bilingual

Published by Pomme Bilingual, 2024.

While every precaution has been taken in the preparation of this book, the publisher assumes no responsibility for errors or omissions, or for damages resulting from the use of the information contained herein.

THE GIRAFFE AND OTHER STORIES: BILINGUAL ITALIAN-ENGLISH STORIES FOR KIDS

**First edition. July 3, 2024.**

Copyright © 2024 Pomme Bilingual.

ISBN: 979-8227078025

Written by Pomme Bilingual.

# Table of Contents

# Il Porcellino Canterino

C'era una volta, in un piccolo villaggio chiamato Cantarillo, un maialino molto speciale di nome Paolo. Paolo non era un maiale come tutti gli altri; aveva una passione unica: amava cantare! Da quando era un piccolo porcellino rosa, passava le giornate canticchiando melodie allegre e inventando canzoni per i suoi amici nella fattoria.

La fattoria di Nonna Maria era un luogo magico dove tutti gli animali vivevano in armonia. C'erano le galline chiacchierone, le mucche muggenti e i cavalli galoppanti, ma nessuno era come Paolo. Il suo canto era così melodioso che anche gli uccellini si fermavano per ascoltarlo. Ma non tutti erano felici del talento di Paolo. Alcuni animali pensavano che fosse strano e lo prendevano in giro.

Un giorno, un famoso produttore musicale di nome Signor Melodioso visitò Cantarillo. Aveva sentito parlare di un maialino che sapeva cantare e voleva vedere se le voci erano vere. Nonna Maria, che era molto orgogliosa di Paolo, organizzò una piccola esibizione nella fattoria. Paolo era nervoso ma emozionato. Indossò il suo miglior papillon e si preparò a cantare.

Quando iniziò a cantare, tutti rimasero incantati. La sua voce era dolce come il miele e potente come il vento. Il Signor Melodioso era stupefatto. "Paolo," disse con gli occhi spalancati, "sei un talento incredibile! Vorrei portarti in città per farti esibire di fronte a un pubblico ancora più grande!"

Paolo non poteva crederci. Avrebbe realizzato il suo sogno! Nonna Maria lo abbracciò forte e gli disse: "Vai, piccolo mio, fai sentire al mondo la tua voce!"

Così, Paolo partì per la città con il Signor Melodioso. Lì, visse avventure straordinarie e incontrò persone meravigliose che apprezzavano il suo talento. Si esibì in teatri, parchi e persino in televisione! Ogni volta che cantava, il pubblico esplodeva in applausi e urla di gioia.

Ma Paolo non dimenticò mai la sua casa. Ogni volta che aveva un po' di tempo libero, tornava a Cantarillo per cantare per i suoi amici animali e per Nonna Maria. La fattoria non era mai stata così felice. Gli animali che una volta lo prendevano in giro ora lo ammiravano e lo rispettavano.

Un giorno, durante una grande festa nella fattoria, Paolo cantò una nuova canzone che aveva scritto. Parlava dell'importanza di essere se stessi e di seguire i propri sogni, non importa quanto strani possano sembrare agli altri. La canzone toccò il cuore di tutti e da quel momento in poi, nessuno si prese più gioco di Paolo.

Il porcellino canterino era diventato una celebrità, ma rimase sempre lo stesso dolce Paolo di sempre. Continuò a cantare, a sognare e a portare gioia a chiunque lo ascoltasse. E così, la leggenda del porcellino canterino continuò a vivere per sempre nel cuore di tutti gli abitanti di Cantarillo e oltre.

# The Singing Piglet

Once upon a time, in a small village called Cantarillo, there was a very special little pig named Paul. Paul was not like all the other pigs; he had a unique passion: he loved to sing! Ever since he was a tiny pink piglet, he spent his days humming cheerful tunes and making up songs for his friends on the farm.

Grandma Maria's farm was a magical place where all the animals lived in harmony. There were chattering chickens, mooing cows, and galloping horses, but none were like Paul. His singing was so melodious that even the birds would stop to listen. But not everyone was happy about Paul's talent. Some animals thought it was strange and made fun of him.

One day, a famous music producer named Mr. Melodious visited Cantarillo. He had heard about a singing piglet and wanted to see if the rumors were true. Grandma Maria, who was very proud of Paul, arranged a small performance on the farm. Paul was nervous but excited. He wore his best bow tie and prepared to sing.

When he began to sing, everyone was captivated. His voice was as sweet as honey and as powerful as the wind. Mr. Melodious was amazed. "Paul," he said, eyes wide, "you are an incredible talent! I would like to take you to the city to perform in front of a larger audience!"

Paul couldn't believe it. He would make his dream come true! Grandma Maria hugged him tight and said, "Go, my little one, let the world hear your voice!"

So, Paul left for the city with Mr. Melodious. There, he had extraordinary adventures and met wonderful people who appreciated his talent. He performed in theaters, parks, and even on television! Every time he sang, the audience erupted in applause and cheers of joy.

But Paul never forgot his home. Whenever he had a little free time, he returned to Cantarillo to sing for his animal friends and for Grandma Maria. The farm had never been happier. The animals who once teased him now admired and respected him.

One day, during a big party on the farm, Paul sang a new song he had written. It was about the importance of being oneself and following one's dreams, no matter how strange they might seem to others. The song touched everyone's heart, and from that moment on, no one ever made fun of Paul again.

The singing piglet had become a celebrity, but he always remained the same sweet Paul. He continued to sing, dream, and bring joy to anyone who listened to him. And so, the legend of the singing piglet continued to live forever in the hearts of all the inhabitants of Cantarillo and beyond.

# La Sirenetta e il Sogno

C'era una volta, nel profondo degli oceani azzurri, una sirenetta chiamata Marina. Marina era una creatura del mare, con una coda scintillante di squame d'argento e lunghi capelli ondulati come onde di seta. Ma ciò che rendeva Marina davvero speciale era il suo spirito avventuroso e il desiderio di conoscere il mondo degli esseri umani.

Marina viveva in un regno sottomarino governato dal re Tritone, suo padre, che era molto protettivo. "Gli umani sono pericolosi," le diceva sempre. "Non devi mai avvicinarti alla superficie." Ma Marina, con il cuore pieno di curiosità, non riusciva a resistere al richiamo del mondo oltre il mare.

Un giorno, Marina decise di nuotare fino alla superficie per vedere da vicino quel mondo che aveva tanto sognato. Mentre emergeva dalle acque, vide una splendida nave piena di luci e musica. Era una nave da crociera, e sul ponte c'erano bambini che giocavano e ridevano. Marina si nascose dietro uno scoglio, osservando con occhi spalancati.

Uno dei bambini, un ragazzo di nome Luca, la vide e rimase incantato. "Guarda!" gridò agli altri. "Una sirena!" Ma nessuno gli credette. Marina, spaventata, si immerse di nuovo nell'acqua, ma non prima di aver visto il sorriso di Luca e aver sentito il suo desiderio di diventare suo amico.

Nei giorni seguenti, Marina continuò a tornare vicino alla nave, osservando Luca e i suoi amici. Ogni volta che il ragazzo la vedeva, le sorrideva e salutava. Marina desiderava tanto poter parlare con lui, ma sapeva che il suo mondo era troppo diverso. Decise quindi di cercare aiuto dalla strega del mare, Morgana.

Morgana viveva in una grotta oscura e misteriosa, piena di pozioni e incantesimi. "Cosa desideri, piccola sirena?" chiese con un sorriso intrigante. Marina le spiegò il suo desiderio di poter camminare sulla terra e conoscere Luca. Morgana le offrì una pozione magica che le avrebbe dato gambe per tre giorni, ma in cambio voleva qualcosa di prezioso: la voce di Marina.

Marina, sebbene esitante, accettò. Bevve la pozione e sentì una strana sensazione attraversarle il corpo. La sua coda si trasformò in due gambe e, per la prima volta, si trovò sulla terra ferma. Ma quando cercò di parlare, si accorse che non poteva più emettere alcun suono.

Luca, che stava giocando sulla spiaggia, la trovò e la riconobbe immediatamente. "Sei tu!" esclamò felice. Marina annuì, sorridendo. Anche senza voce, riuscirono a comunicare attraverso gesti e sorrisi. Luca le mostrò la bellezza del mondo umano: le strade affollate, i parchi pieni di vita, i dolci al cioccolato e le stelle nel cielo.

I due passarono giorni meravigliosi insieme, ma Marina sapeva che il tempo stava scadendo. La sera del terzo giorno, seduti su una collina guardando il tramonto, Luca le disse: "Vorrei che tu potessi restare per sempre." Marina, con gli occhi lucidi, gli mostrò una conchiglia magica che Morgana le aveva dato. Se Luca avesse espresso il suo desiderio con tutto il cuore, la magia si sarebbe compiuta.

Luca prese la conchiglia e chiuse gli occhi, esprimendo il suo desiderio con tutto il suo cuore. In un lampo di luce, la voce di Marina tornò e le sue gambe divennero permanenti. Marina poté finalmente parlare e ringraziò Luca con tutto il cuore. "Grazie, Luca. Mi hai dato il più grande dei doni: l'opportunità di vivere nel tuo mondo."

Da quel giorno, Marina visse sulla terra, esplorando ogni angolo con Luca al suo fianco. E ogni tanto, quando il mare chiamava, tornava alle onde per visitare il suo vecchio regno, sapendo che aveva trovato il

miglior dei mondi possibili: un mondo fatto di amore, amicizia e
avventura.

# The Little Mermaid and the Dream

Once upon a time, deep in the blue oceans, there was a little mermaid named Marina. Marina was a sea creature with a shimmering silver-scaled tail and long, wavy hair like silky waves. But what truly made Marina special was her adventurous spirit and her desire to know the world of humans.

Marina lived in an underwater kingdom ruled by King Triton, her father, who was very protective. "Humans are dangerous," he always told her. "You must never go near the surface." But Marina, with her heart full of curiosity, couldn't resist the call of the world beyond the sea.

One day, Marina decided to swim to the surface to see up close the world she had dreamed so much about. As she emerged from the waters, she saw a splendid ship full of lights and music. It was a cruise ship, and on the deck were children playing and laughing. Marina hid behind a rock, watching with wide eyes.

One of the children, a boy named Luke, saw her and was enchanted. "Look!" he shouted to the others. "A mermaid!" But no one believed him. Marina, frightened, dived back into the water, but not before seeing Luke's smile and sensing his desire to be her friend.

In the following days, Marina kept returning near the ship, watching Luke and his friends. Every time the boy saw her, he smiled and waved. Marina longed to talk to him, but she knew her world was too different. She decided to seek help from the sea witch, Morgana.

Morgana lived in a dark, mysterious cave full of potions and spells. "What do you wish for, little mermaid?" she asked with an intriguing smile. Marina explained her desire to walk on land and meet Luke.

Morgana offered her a magic potion that would give her legs for three days, but in exchange, she wanted something precious: Marina's voice.

Marina, though hesitant, agreed. She drank the potion and felt a strange sensation running through her body. Her tail transformed into two legs, and for the first time, she found herself on solid ground. But when she tried to speak, she realized she could no longer make any sound.

Luke, who was playing on the beach, found her and recognized her immediately. "It's you!" he exclaimed happily. Marina nodded, smiling. Even without her voice, they managed to communicate through gestures and smiles. Luke showed her the beauty of the human world: the crowded streets, the lively parks, the chocolate sweets, and the stars in the sky.

The two spent wonderful days together, but Marina knew time was running out. On the evening of the third day, sitting on a hill watching the sunset, Luke said to her, "I wish you could stay forever." Marina, with teary eyes, showed him a magical shell that Morgana had given her. If Luke expressed his wish with all his heart, the magic would happen.

Luke took the shell and closed his eyes, making his wish with all his heart. In a flash of light, Marina's voice returned, and her legs became permanent. Marina could finally speak and thanked Luke with all her heart. "Thank you, Luke. You've given me the greatest gift: the chance to live in your world."

From that day on, Marina lived on land, exploring every corner with Luke by her side. And every now and then, when the sea called, she returned to the waves to visit her old kingdom, knowing she had found the best of possible worlds: a world full of love, friendship, and adventure.

# La Cascata Magica

C'era una volta, in un paese lontano lontano, un villaggio chiamato Fiumeluce, nascosto tra alte montagne e fitte foreste. A Fiumeluce, tutti conoscevano la leggenda della Cascata Magica, una cascata incantata che si diceva avesse il potere di esaudire i desideri più sinceri. Ma nessuno l'aveva mai vista, perché si trovava in una parte remota e misteriosa della foresta.

Nel villaggio viveva un bambino di nome Leo, che aveva un cuore pieno di sogni e una mente curiosa. Leo era cresciuto ascoltando le storie sulla Cascata Magica, raccontate dal nonno. Ogni sera, prima di dormire, il nonno gli narrava avventure incredibili di persone che avevano trovato la cascata e avevano visto i loro desideri avverarsi.

Un giorno, Leo decise che era giunto il momento di scoprire se la cascata esisteva davvero. Preparò uno zaino con tutto il necessario: una torcia, una coperta, un po' di cibo e una bottiglia d'acqua. Salutò i suoi genitori e partì all'alba, diretto verso la foresta incantata.

Camminò per ore tra gli alberi alti e i sentieri stretti, seguendo le indicazioni che il nonno gli aveva dato. Ad ogni passo, sentiva crescere l'emozione e la curiosità. Dopo aver superato un vecchio ponte di legno e una collina ripida, finalmente sentì il suono dell'acqua che scorreva.

Leo accelerò il passo e, oltre un grande albero, la vide: la Cascata Magica. Era più bella di quanto avesse mai immaginato. L'acqua scintillava sotto i raggi del sole, creando arcobaleni di luce. Leo si avvicinò con il cuore che batteva forte, sentendo l'energia magica nell'aria.

Si sedette su una roccia vicino alla cascata e chiuse gli occhi, concentrandosi sul suo desiderio più profondo. Leo desiderava che suo nonno, che era molto malato, potesse guarire e raccontargli ancora tante storie. Con tutto il cuore, espresse il suo desiderio alla cascata.

All'improvviso, l'acqua della cascata iniziò a brillare ancora di più, e una voce dolce e rassicurante riempì l'aria. "Il tuo desiderio è puro e sincero, giovane Leo," disse la voce. "Il tuo nonno guarirà presto, ma ricorda, la vera magia è nel cuore delle persone che amiamo."

Leo aprì gli occhi e vide una luce dorata avvolgere la cascata. Sentì una grande pace dentro di sé e capì che il suo desiderio era stato ascoltato. Raccolse un piccolo sasso dalla riva della cascata come ricordo e iniziò il viaggio di ritorno al villaggio.

Quando arrivò a casa, trovò suo nonno seduto in giardino, che lo aspettava con un grande sorriso. "Nonno!" gridò Leo, correndo verso di lui. "Sei guarito!"

Il nonno lo abbracciò forte. "Sì, Leo, sto meglio grazie a te e alla tua fede nella magia."

Da quel giorno, la storia di Leo e della Cascata Magica si diffuse in tutto il villaggio. Ogni volta che qualcuno si sentiva perso o aveva un sogno nel cuore, andava a trovare Leo e ascoltava il suo racconto incredibile. La cascata divenne un simbolo di speranza e di fede nei propri sogni.

E così, la magia della Cascata Magica continuò a vivere, non solo nell'acqua scintillante, ma soprattutto nei cuori di chi credeva nella forza dell'amore e della speranza. Leo crebbe, diventando un uomo saggio che raccontava storie magiche ai bambini del villaggio, proprio come faceva il suo nonno. E ogni volta che qualcuno gli chiedeva se la cascata esistesse davvero, sorrideva e diceva: "La vera magia si trova dentro di noi."

# The Magic Waterfall

Once upon a time, in a faraway land, there was a village called Fiumeluce, hidden among high mountains and dense forests. In Fiumeluce, everyone knew the legend of the Magic Waterfall, an enchanted waterfall said to have the power to grant the sincerest wishes. But no one had ever seen it because it was in a remote and mysterious part of the forest.

In the village lived a boy named Leo, who had a heart full of dreams and a curious mind. Leo had grown up listening to stories about the Magic Waterfall, told by his grandfather. Every evening, before bed, his grandfather would narrate incredible adventures of people who had found the waterfall and seen their wishes come true.

One day, Leo decided that it was time to find out if the waterfall really existed. He packed a backpack with everything he needed: a flashlight, a blanket, some food, and a bottle of water. He said goodbye to his parents and set off at dawn, heading toward the enchanted forest.

He walked for hours through the tall trees and narrow paths, following the directions his grandfather had given him. With each step, his excitement and curiosity grew. After crossing an old wooden bridge and a steep hill, he finally heard the sound of flowing water.

Leo quickened his pace and, beyond a large tree, he saw it: the Magic Waterfall. It was more beautiful than he had ever imagined. The water sparkled under the sun's rays, creating rainbows of light. Leo approached with a pounding heart, feeling the magical energy in the air.

He sat on a rock near the waterfall and closed his eyes, focusing on his deepest wish. Leo wished for his grandfather, who was very ill, to be healed so he could tell him many more stories. With all his heart, he made his wish to the waterfall.

Suddenly, the water of the waterfall began to shine even brighter, and a sweet and reassuring voice filled the air. "Your wish is pure and sincere, young Leo," said the voice. "Your grandfather will soon heal, but remember, the true magic lies in the hearts of the people we love."

Leo opened his eyes and saw a golden light envelop the waterfall. He felt a great peace within him and knew that his wish had been heard. He picked up a small stone from the edge of the waterfall as a keepsake and began the journey back to the village.

When he arrived home, he found his grandfather sitting in the garden, waiting for him with a big smile. "Grandpa!" Leo shouted, running towards him. "You're healed!"

His grandfather hugged him tightly. "Yes, Leo, I'm better thanks to you and your faith in magic."

From that day on, Leo's story about the Magic Waterfall spread throughout the village. Whenever someone felt lost or had a dream in their heart, they would visit Leo and listen to his incredible tale. The waterfall became a symbol of hope and faith in one's dreams.

And so, the magic of the Magic Waterfall continued to live, not only in the sparkling water but most importantly in the hearts of those who believed in the power of love and hope. Leo grew up, becoming a wise man who told magical stories to the village children, just as his grandfather had. And whenever someone asked him if the waterfall really existed, he would smile and say, "The true magic lies within us."

# Gigi la Giraffa e il Suo Sogno di Volare

C'era una volta, nella vasta savana africana, una giovane giraffa di nome Gigi. Gigi era alta e snella, con grandi occhi curiosi e un lungo collo che le permetteva di vedere oltre gli alberi e le colline. Ma, nonostante la sua altezza e la sua grazia, Gigi aveva un sogno molto particolare: voleva volare.

Ogni giorno, mentre pascolava con la sua famiglia, Gigi guardava invidiosa gli uccelli che solcavano il cielo azzurro. "Oh, come vorrei avere ali e volare anche io," sospirava. I suoi amici animali trovavano il suo sogno divertente. "Gigi, tu sei una giraffa! Le giraffe non volano," le dicevano. Ma Gigi non si scoraggiava e continuava a sognare.

Un giorno, mentre esplorava un'area della savana che non aveva mai visto prima, Gigi incontrò un vecchio saggio di nome Zuri. Zuri era un elefante con un cuore grande e una mente piena di saggezza. "Perché sei così triste, giovane giraffa?" chiese Zuri, vedendo Gigi con il collo abbassato e lo sguardo perso.

Gigi raccontò a Zuri del suo grande sogno di volare. L'elefante saggio la ascoltò attentamente e poi sorrise. "Gigi, il desiderio di volare è nobile e coraggioso. Ma non sempre dobbiamo seguire la strada che gli altri ritengono giusta per noi. A volte, dobbiamo trovare il nostro modo di realizzare i sogni."

Con queste parole in mente, Gigi decise di non arrendersi. Cercò soluzioni creative, pensando a come avrebbe potuto avvicinarsi al cielo. Provò a salire sugli alberi più alti, ma scoprì che non era abbastanza. Poi, un'idea le balenò in mente. "E se costruissi una macchina volante?" pensò eccitata.

Gigi lavorò instancabilmente, raccogliendo materiali che trovava nella savana: rami robusti, foglie larghe e liane resistenti. Con l'aiuto di Zuri e degli altri amici animali, costruì un'enorme ala delta. Ogni giorno, lavorava sotto il sole caldo, legando, intrecciando e sperimentando. Finalmente, dopo settimane di lavoro, la macchina era pronta.

Scelse una collina alta e ventosa come punto di partenza. Gli amici animali si radunarono per vedere la grande impresa di Gigi. "Buona fortuna, Gigi!" gridarono in coro, sperando nel meglio ma temendo per lei.

Con il cuore che batteva forte, Gigi prese una lunga rincorsa e saltò dalla collina. Per un attimo, sembrò che il tempo si fermasse. Poi, sentì il vento sotto le sue ali improvvisate e cominciò a planare. "Sto volando! Sto davvero volando!" urlò felice.

Il volo di Gigi fu breve ma glorioso. Atterrò dolcemente in una radura, circondata dagli applausi e dalle urla di gioia dei suoi amici. Anche Zuri, con le lacrime agli occhi, si avvicinò per congratularsi. "Sei una vera ispirazione, Gigi," disse. "Hai dimostrato che con determinazione e creatività, anche i sogni più improbabili possono diventare realtà."

Da quel giorno, Gigi divenne una leggenda nella savana. Non solo aveva dimostrato che una giraffa poteva volare, ma aveva anche insegnato a tutti una lezione preziosa: non importa quanto grande o strano sia il tuo sogno, con il cuore e la mente aperti, tutto è possibile.

Gigi continuò a migliorare la sua macchina volante e a volare sempre più in alto. Ma, più importante, aiutò anche altri animali a realizzare i loro sogni, mostrando loro che le uniche vere limitazioni sono quelle che ci imponiamo.

E così, Gigi la Giraffa continuò a volare, non solo nel cielo della savana, ma anche nei cuori di tutti coloro che avevano il coraggio di sognare.

# Gigi the Giraffe and Her Dream to Fly

Once upon a time, in the vast African savannah, there was a young giraffe named Gigi. Gigi was tall and slender, with large curious eyes and a long neck that allowed her to see beyond the trees and hills. Despite her height and grace, Gigi had a very particular dream: she wanted to fly.

Every day, while grazing with her family, Gigi enviously watched the birds soaring through the blue sky. "Oh, how I wish I had wings and could fly too," she sighed. Her animal friends found her dream amusing. "Gigi, you are a giraffe! Giraffes don't fly," they told her. But Gigi was not discouraged and continued to dream.

One day, while exploring an area of the savannah she had never seen before, Gigi met an old sage named Zuri. Zuri was an elephant with a big heart and a mind full of wisdom. "Why are you so sad, young giraffe?" Zuri asked, seeing Gigi with her neck lowered and her gaze lost.

Gigi told Zuri about her great dream of flying. The wise elephant listened attentively and then smiled. "Gigi, the desire to fly is noble and brave. But we don't always have to follow the path that others deem right for us. Sometimes, we have to find our own way to make our dreams come true."

With these words in mind, Gigi decided not to give up. She sought creative solutions, thinking about how she could get closer to the sky. She tried climbing the tallest trees but found it wasn't enough. Then, an idea flashed in her mind. "What if I built a flying machine?" she thought excitedly.

Gigi worked tirelessly, gathering materials she found in the savannah: sturdy branches, large leaves, and strong vines. With the help of Zuri and the other animal friends, she built a huge hang glider. Every day, she worked under the hot sun, tying, weaving, and experimenting. Finally, after weeks of work, the machine was ready.

She chose a high, windy hill as her starting point. The animal friends gathered to see Gigi's great endeavor. "Good luck, Gigi!" they shouted in unison, hoping for the best but fearing for her.

With her heart pounding, Gigi took a long run and jumped off the hill. For a moment, it seemed as if time stood still. Then, she felt the wind under her improvised wings and began to glide. "I'm flying! I'm really flying!" she shouted with joy.

Gigi's flight was short but glorious. She landed gently in a clearing, surrounded by applause and shouts of joy from her friends. Even Zuri, with tears in his eyes, came forward to congratulate her. "You are a true inspiration, Gigi," he said. "You have shown that with determination and creativity, even the most unlikely dreams can become reality."

From that day on, Gigi became a legend in the savannah. Not only had she proven that a giraffe could fly, but she also taught everyone a valuable lesson: no matter how big or strange your dream is, with an open heart and mind, anything is possible.

Gigi continued to improve her flying machine and flew higher and higher. But more importantly, she also helped other animals achieve their dreams, showing them that the only real limitations are those we impose on ourselves.

And so, Gigi the Giraffe continued to fly, not only in the savannah sky but also in the hearts of all those who had the courage to dream.

# Luca e il Segreto del Bosco Incantato

C'era una volta, in un piccolo villaggio ai margini di un vasto e misterioso bosco, un bambino di nome Luca. Luca aveva nove anni, capelli castani arruffati e occhi curiosi che brillavano di avventura. Era conosciuto in tutto il villaggio per la sua infinita immaginazione e il desiderio di scoprire cose nuove.

Il bosco vicino al villaggio era avvolto da una fitta nebbia e da antiche leggende. Si diceva che fosse abitato da creature magiche e che nascondesse segreti straordinari. I genitori di Luca gli avevano sempre proibito di avventurarsi nel bosco, ma la curiosità del ragazzo era troppo grande per essere frenata.

Un giorno, mentre giocava vicino al limite del bosco, Luca notò un sentiero che non aveva mai visto prima. Era nascosto tra cespugli fitti e alberi alti, come se fosse apparso all'improvviso. Il cuore di Luca iniziò a battere forte: questa era l'avventura che aveva sempre sognato!

Senza pensarci due volte, Luca si infilò nel sentiero, deciso a scoprire i segreti del bosco incantato. Camminò per ore, incantato dalla bellezza e dalla tranquillità del luogo. Gli uccelli cinguettavano melodie dolci, e il sole filtrava attraverso le foglie creando giochi di luce magici.

Dopo un po', Luca si trovò di fronte a una radura ampia e luminosa. Al centro della radura, c'era un grande albero con una porta intagliata nel tronco. Luca si avvicinò con cautela e bussò alla porta. Con sua grande sorpresa, la porta si aprì lentamente, rivelando una scala che scendeva nel buio.

Con il cuore pieno di eccitazione, Luca iniziò a scendere le scale. Arrivò in una grande sala illuminata da lanterne dorate. Al centro della sala, c'era un tavolo coperto di libri antichi e oggetti strani. Dietro il tavolo, seduto su una sedia alta, c'era un vecchio con una lunga barba bianca e occhi saggi.

"Benvenuto, giovane Luca," disse il vecchio con una voce calda e accogliente. "Mi chiamo Albus e sono il custode del Bosco Incantato. Da molto tempo aspettavo il tuo arrivo."

Luca era sorpreso e un po' intimorito. "Come fai a conoscermi?" chiese.

"Il bosco mi ha parlato di te," rispose Albus con un sorriso. "So che hai un cuore puro e un grande desiderio di avventura. È per questo che il bosco ti ha permesso di trovare il sentiero segreto."

Albus spiegò a Luca che il Bosco Incantato era un luogo di grande magia e saggezza, e che solo i bambini con un cuore sincero potevano scoprirne i segreti. Albus lo condusse attraverso varie stanze, ognuna piena di meraviglie: pozioni scintillanti, mappe antiche e creature magiche che sorridevano al loro passaggio.

In una delle stanze, Luca trovò un vecchio libro coperto di polvere. Lo aprì e scoprì che conteneva storie incredibili e incantesimi dimenticati. "Questo libro è speciale," disse Albus. "Contiene il sapere del bosco e solo chi ha un cuore puro può comprenderlo."

Luca trascorse giorni meravigliosi nel Bosco Incantato, imparando e scoprendo cose nuove ogni giorno. Fece amicizia con le creature magiche e aiutò Albus a proteggere il bosco dai pericoli. Ma sapeva che prima o poi sarebbe dovuto tornare a casa.

Un giorno, Albus prese Luca da parte. "Il tempo è giunto per te di tornare al tuo villaggio," disse con dolcezza. "Ma porta con te il sapere e la magia che hai scoperto qui. Ricorda sempre che il vero potere non sta nella magia, ma nel cuore e nella mente."

Luca salutò con affetto Albus e le creature del bosco, promettendo di tornare a trovarli. Con il cuore pieno di gratitudine e saggezza, si incamminò verso casa. Al suo ritorno, il villaggio fu in fermento. I suoi genitori lo abbracciarono forte, felici di rivederlo sano e salvo.

Da quel giorno, Luca divenne una leggenda nel villaggio. Raccontava a tutti le storie del Bosco Incantato e insegnava ai bambini il valore dell'immaginazione e della bontà. Ogni tanto, ritornava al bosco per visitare Albus e le sue amiche creature, portando con sé nuove storie e nuove scoperte.

E così, Luca visse felice e avventuroso, con il cuore sempre aperto alla magia e alla meraviglia. E il Bosco Incantato continuò a vivere nei suoi racconti, un luogo dove i sogni e la realtà si incontravano, e dove ogni bambino poteva trovare la propria avventura.

# Luca and the Secret of the Enchanted Forest

Once upon a time, in a small village on the edge of a vast and mysterious forest, there was a boy named Luca. Luca was nine years old, with tousled brown hair and curious eyes that sparkled with adventure. He was known throughout the village for his boundless imagination and his desire to discover new things.

The forest near the village was shrouded in thick mist and ancient legends. It was said to be inhabited by magical creatures and to hide extraordinary secrets. Luca's parents had always forbidden him from venturing into the forest, but the boy's curiosity was too great to be restrained.

One day, while playing near the edge of the forest, Luca noticed a path he had never seen before. It was hidden among thick bushes and tall trees, as if it had appeared suddenly. Luca's heart began to beat fast: this was the adventure he had always dreamed of!

Without a second thought, Luca slipped onto the path, determined to uncover the secrets of the enchanted forest. He walked for hours, enchanted by the beauty and tranquility of the place. Birds sang sweet melodies, and the sun filtered through the leaves, creating magical plays of light.

After a while, Luca found himself in a wide, bright clearing. In the center of the clearing, there was a large tree with a door carved into the trunk. Luca approached cautiously and knocked on the door. To his great surprise, the door opened slowly, revealing a staircase that descended into the darkness.

With his heart full of excitement, Luca began to descend the stairs. He arrived in a large hall lit by golden lanterns. In the center of the hall, there was a table covered with ancient books and strange objects. Behind the table, sitting on a high chair, was an old man with a long white beard and wise eyes.

"Welcome, young Luca," said the old man with a warm and welcoming voice. "My name is Albus, and I am the guardian of the Enchanted Forest. I have been waiting for your arrival for a long time."

Luca was surprised and a little intimidated. "How do you know me?" he asked.

"The forest has told me about you," replied Albus with a smile. "I know you have a pure heart and a great desire for adventure. That is why the forest has allowed you to find the secret path."

Albus explained to Luca that the Enchanted Forest was a place of great magic and wisdom, and that only children with a sincere heart could discover its secrets. Albus led him through various rooms, each full of wonders: sparkling potions, ancient maps, and magical creatures that smiled as they passed by.

In one of the rooms, Luca found an old book covered in dust. He opened it and discovered that it contained incredible stories and forgotten spells. "This book is special," said Albus. "It contains the knowledge of the forest, and only those with a pure heart can understand it."

Luca spent wonderful days in the Enchanted Forest, learning and discovering new things every day. He befriended the magical creatures and helped Albus protect the forest from dangers. But he knew that sooner or later he would have to return home.

One day, Albus took Luca aside. "The time has come for you to return to your village," he said gently. "But take with you the knowledge and magic you have discovered here. Always remember that true power lies not in magic, but in the heart and mind."

Luca fondly said goodbye to Albus and the creatures of the forest, promising to return to visit them. With his heart full of gratitude and wisdom, he set off for home. Upon his return, the village was abuzz. His parents hugged him tightly, happy to see him safe and sound.

From that day on, Luca became a legend in the village. He told everyone stories of the Enchanted Forest and taught the children the value of imagination and kindness. Every now and then, he would return to the forest to visit Albus and his magical friends, bringing with him new stories and discoveries.

And so, Luca lived happily and adventurously, with his heart always open to magic and wonder. The Enchanted Forest continued to live in his tales, a place where dreams and reality met, and where every child could find their own adventure.

# La Magica Tazza di Cioccolata di Marta

———

C'era una volta, in un piccolo villaggio incastonato tra le montagne innevate, una bambina di nome Marta. Marta aveva nove anni, capelli castani e ricci, e occhi che brillavano come stelle. Viveva con la sua mamma e il suo papà in una casetta di legno accogliente, dove ogni inverno le nevicate trasformavano tutto in un mondo incantato.

Marta amava l'inverno più di ogni altra stagione. Le piaceva costruire pupazzi di neve, fare battaglie con le palle di neve e, soprattutto, le piaceva scaldarsi davanti al caminetto con una tazza di cioccolata calda fatta dalla sua mamma. Era una tradizione speciale per loro, e ogni sorso di quella cioccolata sembrava riempirla di calore e felicità.

Un giorno, mentre Marta passeggiava nel bosco vicino alla sua casa, notò qualcosa di strano. C'era un vecchio chiosco di legno che non aveva mai visto prima. Era decorato con luci scintillanti e aveva un'insegna che diceva: "Cioccolata Calda Magica". Marta, incuriosita, si avvicinò.

Dietro il bancone del chiosco c'era una signora anziana con un sorriso gentile. "Benvenuta, cara," disse la signora. "Sono Nonna Clara. Vuoi provare la mia cioccolata calda magica?"

Marta annuì entusiasta. "Magica? Cosa c'è di magico nella sua cioccolata?"

Nonna Clara le fece l'occhiolino. "Ogni tazza di questa cioccolata ti regala un'avventura speciale. Basta che tu chiuda gli occhi e desideri con tutto il cuore."

Marta non poteva credere alle sue orecchie. Afferrò la tazza che Nonna Clara le porgeva e, con un sorriso, chiuse gli occhi e desiderò qualcosa di meraviglioso.

Appena prese un sorso, Marta sentì un calore avvolgente diffondersi in tutto il corpo. Quando aprì gli occhi, si trovò in un mondo completamente diverso. Era in una foresta incantata, dove gli alberi erano decorati con luci colorate e gli animali parlavano.

Una piccola volpe si avvicinò a Marta e la salutò. "Benvenuta, Marta! Sono Fiore, la volpe. Sei qui per l'avventura magica?"

Marta, ancora sorpresa, annuì. "Sì, ma come fai a conoscere il mio nome?"

"Nonna Clara ci ha detto che saresti arrivata," rispose Fiore con un sorriso. "Seguimi, l'avventura sta per cominciare!"

Fiore guidò Marta attraverso la foresta, dove incontrarono altri animali magici: un gufo saggio, un cervo elegante e un coniglio vivace. Ognuno di loro aveva una storia da raccontare e un segreto da condividere. Marta ascoltava incantata, mentre scoprirono un vecchio castello nascosto tra gli alberi.

Dentro il castello, trovarono una biblioteca piena di libri antichi. Ogni libro raccontava storie di avventure passate e di magie dimenticate. Fiore spiegò a Marta che il castello era stato costruito da un grande mago, e che conteneva tutto il sapere del mondo magico.

Marta trascorse ore a leggere e a scoprire i segreti della biblioteca. Imparò incantesimi, storie di coraggio e saggezza, e fece amicizia con gli abitanti del castello. Ma sapeva che il tempo nel mondo magico era limitato e che presto sarebbe dovuta tornare a casa.

Prima di andarsene, Fiore le regalò un piccolo libro. "Questo è per te, Marta. Ti aiuterà a ricordare l'avventura e a portare un po' di magia nel tuo mondo."

Marta ringraziò Fiore e gli altri animali con un grande abbraccio. Poi chiuse gli occhi e, con un ultimo sorso di cioccolata, si ritrovò di nuovo nel bosco vicino alla sua casa. La tazza di cioccolata era vuota, ma il suo cuore era pieno di gioia e meraviglia.

Tornata a casa, Marta raccontò tutto alla sua mamma e al suo papà. Nessuno dei due riusciva a credere completamente alla sua storia, ma videro nei suoi occhi che qualcosa di straordinario era davvero accaduto.

Da quel giorno, ogni volta che Marta desiderava un po' di magia, tornava al chiosco di Nonna Clara e chiedeva una tazza di cioccolata calda. Ogni volta, chiudendo gli occhi e desiderando con tutto il cuore, veniva trasportata in un nuovo mondo di avventure.

E così, Marta imparò che la vera magia non era solo nella cioccolata, ma nel credere nei propri sogni e nell'avere il coraggio di seguire il proprio cuore. La sua vita fu piena di avventure e meraviglie, e lei portò sempre con sé un po' di quella magia speciale che aveva trovato nel bosco incantato.

# Marta's Magic Mug of Hot Chocolate

Once upon a time, in a small village nestled among snowy mountains, there was a girl named Marta. Marta was nine years old, with curly brown hair and eyes that sparkled like stars. She lived with her mom and dad in a cozy wooden house where winter snowfall turned everything into an enchanted world.

Marta loved winter more than any other season. She enjoyed building snowmen, having snowball fights, and most of all, warming up by the fireplace with a mug of hot chocolate made by her mom. It was a special tradition for them, and every sip of that hot chocolate seemed to fill her with warmth and happiness.

One day, while Marta was walking in the woods near her house, she noticed something strange. There was an old wooden kiosk she had never seen before. It was decorated with twinkling lights and had a sign that read: "Magic Hot Chocolate". Marta, curious, approached.

Behind the counter of the kiosk was an elderly lady with a kind smile. "Welcome, dear," said the lady. "I am Grandma Clara. Would you like to try my magic hot chocolate?"

Marta nodded enthusiastically. "Magic? What's magical about your hot chocolate?"

Grandma Clara winked at her. "Every mug of this hot chocolate grants you a special adventure. You just have to close your eyes and wish with all your heart."

Marta couldn't believe her ears. She took the mug that Grandma Clara handed her and, with a smile, closed her eyes and wished for something wonderful.

As soon as she took a sip, Marta felt a warm sensation spread throughout her body. When she opened her eyes, she found herself in a completely different world. She was in an enchanted forest where the trees were adorned with colorful lights and the animals could talk.

A small fox approached Marta and greeted her. "Welcome, Marta! I am Flora, the fox. Are you here for the magical adventure?"

Marta, still surprised, nodded. "Yes, but how do you know my name?"

"Grandma Clara told us you would arrive," Flora replied with a smile. "Follow me, the adventure is about to begin!"

Flora led Marta through the forest, where they met other magical animals: a wise owl, an elegant deer, and a lively rabbit. Each of them had a story to tell and a secret to share. Marta listened, enchanted, as they discovered an old castle hidden among the trees.

Inside the castle, they found a library full of ancient books. Every book told stories of past adventures and forgotten magic. Flora explained to Marta that the castle had been built by a great wizard and contained all the knowledge of the magical world.

Marta spent hours reading and discovering the secrets of the library. She learned spells, stories of courage and wisdom, and made friends with the castle inhabitants. But she knew that time in the magical world was limited and that she would soon have to return home.

Before leaving, Flora gave her a small book. "This is for you, Marta. It will help you remember the adventure and bring a bit of magic to your world."

Marta thanked Flora and the other animals with a big hug. Then she closed her eyes and, with one last sip of hot chocolate, found herself back in the woods near her home. The mug of hot chocolate was empty, but her heart was full of joy and wonder.

Back home, Marta told her mom and dad everything. Neither could completely believe her story, but they saw in her eyes that something extraordinary had truly happened.

From that day on, whenever Marta wanted a bit of magic, she would return to Grandma Clara's kiosk and ask for a mug of hot chocolate. Each time, by closing her eyes and wishing with all her heart, she was transported to a new world of adventures.

And so, Marta learned that the real magic wasn't just in the hot chocolate, but in believing in her dreams and having the courage to follow her heart. Her life was filled with adventures and wonders, and she always carried with her a bit of that special magic she had found in the enchanted forest.

# Draghetto Dorato e il Segreto del Lago Incantato

---

C'era una volta, in un regno lontano, un piccolo drago di nome Draghetto Dorato. A differenza degli altri draghi, che erano grandi, spaventosi e sputavano fuoco, Draghetto Dorato era piccolo, gentile e non riusciva a sputare neanche una scintilla. Viveva con la sua famiglia in una caverna dorata situata sulle pendici di una montagna.

Draghetto Dorato desiderava tanto essere come gli altri draghi. Voleva volare alto nel cielo, lanciare fiamme e difendere il regno dai pericoli. Ma ogni volta che provava a sputare fuoco, usciva solo un piccolo sbuffo di fumo. Gli altri draghi lo prendevano in giro, chiamandolo "Draghetto Smoccolino".

Un giorno, mentre passeggiava triste lungo il sentiero della montagna, Draghetto Dorato incontrò un vecchio saggio di nome Mastro Gufo. Mastro Gufo era conosciuto in tutto il regno per la sua saggezza e conoscenza delle antiche leggende.

"Perché sei così triste, giovane drago?" chiese Mastro Gufo con voce dolce.

"Vorrei essere come gli altri draghi," rispose Draghetto Dorato con un sospiro. "Ma non riesco a sputare fuoco e tutti mi prendono in giro."

Mastro Gufo sorrise. "Non tutti i draghi devono sputare fuoco per essere speciali. Ogni creatura ha un dono unico, e forse tu devi solo scoprire il tuo."

Draghetto Dorato ascoltò attentamente le parole del saggio. "Come posso scoprire il mio dono?" chiese speranzoso.

"Devi trovare il Lago Incantato," rispose Mastro Gufo. "Si dice che le sue acque abbiano il potere di rivelare il vero potenziale di chi vi si immerge. Ma il viaggio per raggiungerlo è pieno di sfide e pericoli."

Draghetto Dorato decise di intraprendere il viaggio. Salutò la sua famiglia e si mise in cammino, determinato a scoprire il suo dono. Il viaggio fu lungo e difficile. Attraversò foreste oscure, scalò montagne ripide e superò fiumi impetuosi. Ma non si arrese mai.

Un giorno, dopo molte settimane di viaggio, Draghetto Dorato giunse finalmente al Lago Incantato. Le acque del lago erano cristalline e brillavano di una luce magica. Draghetto si avvicinò al lago e, con il cuore che batteva forte, si immerse nelle sue acque.

Improvvisamente, sentì un calore avvolgerlo. Le acque del lago sembravano cantare una melodia antica e misteriosa. Draghetto Dorato chiuse gli occhi e si lasciò trasportare dalla magia del lago. Quando riaprì gli occhi, si sentì diverso, più forte e più sicuro di sé.

Un raggio di luce dorata uscì dalla sua bocca. Non era un fuoco normale, ma una luce pura e brillante che illuminava tutto intorno a lui. Draghetto Dorato capì che quello era il suo dono: portare luce e speranza ovunque andasse.

Felice della sua scoperta, Draghetto Dorato tornò a casa. Durante il viaggio di ritorno, aiutò molte creature in difficoltà, illuminando il loro cammino e portando loro speranza. Quando arrivò al regno, gli altri draghi lo accolsero con rispetto e ammirazione.

Draghetto Dorato divenne famoso in tutto il regno per la sua luce magica. Non solo difendeva il regno dai pericoli, ma portava anche gioia e speranza a tutti gli abitanti. E capì che non importava essere come gli altri draghi; ciò che contava era essere sé stessi e usare il proprio dono per fare del bene.

E così, Draghetto Dorato visse felice e contento, illuminando il mondo con la sua luce magica e insegnando a tutti che ogni creatura ha un dono speciale, basta solo avere il coraggio di scoprirlo.

37

# Little Golden Dragon and the Secret of the Enchanted Lake

Once upon a time, in a distant kingdom, there was a little dragon named Little Golden Dragon. Unlike other dragons, who were big, scary, and breathed fire, Little Golden Dragon was small, gentle, and couldn't even manage a spark. He lived with his family in a golden cave on the side of a mountain.

Little Golden Dragon longed to be like the other dragons. He wanted to fly high in the sky, breathe fire, and protect the kingdom from dangers. But every time he tried to breathe fire, only a small puff of smoke came out. The other dragons teased him, calling him "Little Smokey Dragon."

One day, while walking sadly along the mountain path, Little Golden Dragon met an old sage named Master Owl. Master Owl was known throughout the kingdom for his wisdom and knowledge of ancient legends.

"Why are you so sad, young dragon?" asked Master Owl in a gentle voice.

"I wish I could be like the other dragons," replied Little Golden Dragon with a sigh. "But I can't breathe fire, and everyone teases me."

Master Owl smiled. "Not all dragons have to breathe fire to be special. Every creature has a unique gift, and perhaps you just need to discover yours."

Little Golden Dragon listened carefully to the sage's words. "How can I discover my gift?" he asked hopefully.

"You must find the Enchanted Lake," replied Master Owl. "It is said that its waters have the power to reveal the true potential of those who immerse themselves in it. But the journey to reach it is full of challenges and dangers."

Little Golden Dragon decided to embark on the journey. He said goodbye to his family and set off, determined to discover his gift. The journey was long and difficult. He crossed dark forests, climbed steep mountains, and crossed rushing rivers. But he never gave up.

One day, after many weeks of traveling, Little Golden Dragon finally reached the Enchanted Lake. The lake's waters were crystal clear and glowed with a magical light. Little Golden Dragon approached the lake and, with his heart pounding, immersed himself in its waters.

Suddenly, he felt a warmth envelop him. The lake's waters seemed to sing an ancient and mysterious melody. Little Golden Dragon closed his eyes and let himself be carried away by the magic of the lake. When he opened his eyes, he felt different, stronger, and more confident.

A ray of golden light emerged from his mouth. It wasn't normal fire, but a pure, bright light that illuminated everything around him. Little Golden Dragon realized that this was his gift: to bring light and hope wherever he went.

Happy with his discovery, Little Golden Dragon returned home. During the journey back, he helped many creatures in distress, lighting their way and bringing them hope. When he arrived at the kingdom, the other dragons welcomed him with respect and admiration.

Little Golden Dragon became famous throughout the kingdom for his magical light. Not only did he protect the kingdom from dangers, but he also brought joy and hope to all the inhabitants. He understood that it didn't matter being like the other dragons; what mattered was being oneself and using one's gift to do good.

And so, Little Golden Dragon lived happily and contentedly, illuminating the world with his magical light and teaching everyone that every creature has a special gift, you just need the courage to discover it.

# Detective Tobia e il Mistero del Parco Scomparso

C'era una volta, in una tranquilla cittadina chiamata Bellavista, un cane molto speciale di nome Tobia. Tobia non era un cane qualunque: era un detective. Con il suo naso infallibile e la sua mente acuta, risolveva i misteri più intricati della città. I suoi baffi vibravano di eccitazione ogni volta che c'era un nuovo caso da risolvere.

Tobia viveva con il suo padrone, il signor Bruno, un uomo anziano ma molto vivace, che adorava il suo fedele amico a quattro zampe. Ogni mattina, il signor Bruno e Tobia facevano una passeggiata nel parco vicino alla loro casa. Era un posto meraviglioso, con alberi secolari, prati verdi e un laghetto dove i bambini amavano giocare con le barchette.

Un giorno, mentre passeggiavano nel parco, Tobia notò qualcosa di strano. L'aria era diversa, c'era un odore insolito che non riusciva a identificare. Mentre annusava l'aria, vide che alcuni degli alberi avevano perso le loro foglie e i fiori sembravano appassiti. La fontana centrale del parco, di solito scintillante, era asciutta e piena di foglie secche.

"Questo è strano," pensò Tobia. "C'è qualcosa che non va."

Decise di indagare e iniziò a girare per il parco, annusando qua e là. Raggiunse il laghetto e notò che l'acqua era torbida e puzzava. Proprio in quel momento, vide un'ombra muoversi tra gli alberi. Tobia si avvicinò silenziosamente, cercando di non farsi notare.

All'improvviso, un piccolo gattino grigio sbucò dai cespugli, spaventando Tobia. "Chi sei?" chiese il gattino, guardando Tobia con occhi curiosi.

"Sono Tobia, il detective," rispose con orgoglio. "E tu?"

"Io sono Micio, vivo qui nel parco," rispose il gattino. "Ma ultimamente il parco sta cambiando, qualcosa non va."

"Lo so," disse Tobia. "Sto cercando di capire cosa sta succedendo. Hai notato qualcosa di strano?"

Micio annuì. "Sì, ho visto un uomo vestito di nero aggirarsi per il parco di notte. Sembrava fare qualcosa vicino alla fontana."

"Interessante," disse Tobia, strofinandosi il mento con la zampa. "Devo indagare."

Quella notte, Tobia e Micio decisero di seguire l'uomo misterioso. Si nascosero dietro a un cespuglio e aspettarono. Poco dopo la mezzanotte, videro un uomo alto e magro, vestito di nero, avvicinarsi alla fontana. Aveva una borsa con sé e sembrava armeggiare con qualcosa.

Tobia e Micio si avvicinarono silenziosamente. Quando l'uomo si allontanò, corsero verso la fontana e videro che l'acqua stava lentamente tornando alla normalità. Tobia notò un piccolo dispositivo nascosto tra le pietre della fontana.

"Questo è un inquinatore!" esclamò Tobia. "Sta avvelenando l'acqua del parco!"

Il giorno seguente, Tobia e Micio portarono il dispositivo al signor Bruno, che lo esaminò attentamente. "Questo è un dispositivo per contaminare l'acqua," disse il signor Bruno. "Dobbiamo fermare quest'uomo."

Decisero di informare le autorità locali. Il sindaco di Bellavista, una donna gentile di nome Carla, ringraziò Tobia e Micio per il loro coraggio e prometteva di risolvere la situazione.

Con l'aiuto della polizia, Tobia e Micio organizzarono una trappola per l'uomo misterioso. Quella notte, si nascosero di nuovo vicino alla fontana. Quando l'uomo arrivò, fu sorpreso dalla polizia che lo arrestò immediatamente.

Il mistero era risolto e il parco era salvo. Il giorno seguente, gli abitanti di Bellavista organizzarono una grande festa nel parco per ringraziare Tobia e Micio. C'erano palloncini, giochi e tanto cibo delizioso.

Tobia e Micio furono acclamati come eroi. Il sindaco Carla consegnò a Tobia una medaglia d'oro per il suo coraggio e la sua intelligenza. "Sei il miglior detective della città," disse il sindaco con un sorriso.

Tobia, felice e orgoglioso, guardò il parco ora splendente e pieno di vita. Sapeva che, grazie al suo impegno e al suo coraggio, aveva salvato un luogo speciale per tutta la comunità. E capì che non c'era niente di più importante che proteggere ciò che si ama.

# Detective Toby and the Mystery of the Vanishing Park

Once upon a time, in a quiet town called Bellavista, there was a very special dog named Toby. Toby was not just any dog: he was a detective. With his infallible nose and sharp mind, he solved the town's most intricate mysteries. His whiskers would vibrate with excitement every time there was a new case to solve.

Toby lived with his owner, Mr. Bruno, an elderly but lively man who adored his faithful four-legged friend. Every morning, Mr. Bruno and Toby would take a walk in the park near their house. It was a wonderful place, with ancient trees, green meadows, and a pond where children loved to play with toy boats.

One day, while they were walking in the park, Toby noticed something strange. The air felt different; there was an unusual smell he couldn't identify. As he sniffed the air, he saw that some of the trees had lost their leaves and the flowers seemed wilted. The park's central fountain, usually sparkling, was dry and full of dead leaves.

"This is strange," thought Toby. "Something is wrong."

He decided to investigate and started walking around the park, sniffing here and there. He reached the pond and noticed the water was murky and smelly. Just then, he saw a shadow moving among the trees. Toby quietly approached, trying not to be noticed.

Suddenly, a small gray kitten popped out of the bushes, startling Toby. "Who are you?" asked the kitten, looking at Toby with curious eyes.

"I'm Toby, the detective," he replied proudly. "And you?"

"I'm Kit, I live here in the park," answered the kitten. "But lately, the park has been changing; something's wrong."

"I know," said Toby. "I'm trying to figure out what's going on. Have you noticed anything strange?"

Kit nodded. "Yes, I've seen a man dressed in black lurking around the park at night. He seemed to be doing something near the fountain."

"Interesting," said Toby, rubbing his chin with his paw. "I need to investigate."

That night, Toby and Kit decided to follow the mysterious man. They hid behind a bush and waited. Shortly after midnight, they saw a tall, thin man dressed in black approach the fountain. He had a bag with him and seemed to be fiddling with something.

Toby and Kit silently moved closer. When the man walked away, they ran to the fountain and saw the water slowly returning to normal. Toby noticed a small device hidden among the fountain's stones.

"This is a polluter!" exclaimed Toby. "He's poisoning the park's water!"

The next day, Toby and Kit brought the device to Mr. Bruno, who examined it carefully. "This is a water contaminator," said Mr. Bruno. "We need to stop this man."

They decided to inform the local authorities. The mayor of Bellavista, a kind woman named Carla, thanked Toby and Kit for their bravery and promised to resolve the situation.

With the help of the police, Toby and Kit set up a trap for the mysterious man. That night, they hid again near the fountain. When the man arrived, he was surprised by the police, who immediately arrested him.

The mystery was solved, and the park was saved. The next day, the inhabitants of Bellavista organized a big party in the park to thank Toby and Kit. There were balloons, games, and lots of delicious food.

Toby and Kit were hailed as heroes. Mayor Carla presented Toby with a gold medal for his courage and intelligence. "You are the best detective in town," said the mayor with a smile.

Toby, happy and proud, looked at the now sparkling and lively park. He knew that thanks to his dedication and courage, he had saved a special place for the entire community. And he understood that there was nothing more important than protecting what you love.

# Panda Piumino e il Mistero della Foresta di Bambù

In una remota valle nascosta tra alte montagne, c'era una foresta di bambù magica e rigogliosa. Qui viveva un simpatico panda di nome Piumino. Piumino era un panda speciale: aveva una pelliccia soffice come una nuvola e un cuore grande pieno di curiosità. La sua giornata preferita consisteva nel rotolarsi tra i bambù, sgranocchiando gustosi germogli e esplorando ogni angolo della foresta.

Un giorno, mentre Piumino giocava allegramente, notò qualcosa di strano. Alcuni dei bambù più alti erano caduti a terra e le foglie intorno sembravano appassite. "Che cosa strana!" pensò Piumino. Decise di avvicinarsi per investigare.

Mentre annusava e guardava attentamente, trovò delle impronte misteriose. Non erano di un altro panda, né di uno degli altri animali della foresta. Erano grandi, profonde e avevano un odore che Piumino non riusciva a riconoscere. Con il suo spirito curioso e avventuroso, Piumino decise di seguire le impronte per scoprire cosa stava succedendo.

Il sentiero delle impronte lo portò sempre più in profondità nella foresta. Incontrò il suo amico Tino, il tucano chiacchierone, che stava cinguettando su un ramo.

"Ciao, Piumino! Dove vai di fretta?" chiese Tino con il suo solito entusiasmo.

"Sto seguendo queste impronte misteriose," rispose Piumino. "Qualcosa sta rovinando i nostri bambù e voglio scoprire di cosa si tratta."

"Sembra un'avventura emozionante! Posso venire con te?" chiese Tino, sbattendo le ali.

"Certamente!" rispose Piumino con un sorriso. "Potresti aiutarci con il tuo becco acuto e i tuoi occhi attenti."

Mentre Piumino e Tino proseguivano lungo il sentiero, incontrarono Gina, la gazzella agile. Gina stava saltellando tra i cespugli quando vide i suoi amici.

"Salve, amici! Che fate di bello?" chiese Gina, incuriosita.

"Stiamo seguendo delle impronte misteriose," spiegò Tino. "Qualcosa sta distruggendo i bambù e dobbiamo fermarlo."

"Posso unirmi a voi?" chiese Gina. "Con la mia velocità, posso scoprire rapidamente chi è il colpevole."

"Più siamo, meglio è!" disse Piumino. E così, i tre amici continuarono insieme la loro ricerca.

Dopo aver camminato per un po', il sentiero delle impronte li portò a una radura nascosta della foresta. Qui, videro un enorme macchinario con cingoli e pale che stava abbattendo i bambù. Al suo fianco c'era un uomo, vestito con una tuta da lavoro, che controllava i comandi.

"Che cosa sta succedendo?" esclamò Piumino. "Perché questo uomo sta distruggendo la nostra casa?"

Tino volò vicino alla macchina e con il suo becco affilato iniziò a battere sulle lamiere per attirare l'attenzione dell'uomo. Gina, con la sua velocità, iniziò a correre intorno al macchinario, creando una confusione tale da farlo fermare.

L'uomo guardò sorpreso gli animali che si avvicinavano. "Cosa volete da me?" chiese, chiaramente spaventato.

"Stai distruggendo la nostra foresta," disse Piumino con voce calma ma decisa. "Perché lo stai facendo?"

L'uomo sospirò e spiegò: "Mi dispiace, non volevo far del male. Lavoro per una grande azienda che vuole costruire una strada attraverso la foresta. Mi è stato detto di abbattere i bambù per far spazio alla costruzione."

Gli animali si guardarono tra loro, preoccupati. "Ma questa è la nostra casa," disse Gina con tristezza. "Non possiamo lasciare che la distruggano."

Tino, con la sua intelligenza vivace, ebbe un'idea. "Perché non parliamo con il capo dell'azienda? Forse non sa che questa foresta è abitata da tanti animali."

L'uomo, colpito dalla determinazione degli animali, acconsentì a portarli dal capo. Il giorno seguente, Piumino, Tino, Gina e l'uomo si recarono nella grande città, dove si trovava l'ufficio dell'azienda.

Entrarono nell'ufficio del capo, un uomo alto con una barba folta, e gli spiegarono la situazione. "Non sapevamo che la foresta fosse così speciale," disse il capo, sorpreso. "Pensavamo fosse solo un terreno inutilizzato."

Piumino prese la parola. "Questa foresta è la nostra casa. Senza di essa, noi animali non avremmo un posto dove vivere. Ci sono anche piante rare e bellissime che devono essere protette."

Il capo, toccato dalle parole di Piumino e dalla determinazione degli animali, decise di fermare immediatamente la costruzione. "Troveremo un altro percorso per la strada," disse con un sorriso. "Prometto di proteggere la vostra foresta."

Gli animali esultarono di gioia e ringraziarono il capo per la sua comprensione. Tornarono alla foresta e iniziarono a riparare i danni fatti dal macchinario. Grazie alla loro determinazione e al loro coraggio, la foresta di bambù tornò a splendere come prima.

Da quel giorno, Piumino e i suoi amici furono considerati gli eroi della foresta. La loro avventura dimostrò che, anche di fronte alle difficoltà, l'unione e la determinazione possono fare la differenza.

E così, Piumino, Tino e Gina vissero felici e contenti nella loro amata foresta di bambù, sapendo che avevano salvato la loro casa e protetto il loro mondo magico.

# Puffy Panda and the Mystery of the Bamboo Forest

In a remote valley hidden among tall mountains, there was a magical and lush bamboo forest. Here lived a friendly panda named Puffy. Puffy was a special panda: he had fur as soft as a cloud and a big heart full of curiosity. His favorite day consisted of rolling around in the bamboo, munching on tasty shoots, and exploring every corner of the forest.

One day, while Puffy was happily playing, he noticed something strange. Some of the tallest bamboo had fallen to the ground, and the leaves around them seemed withered. "How odd!" thought Puffy. He decided to get closer to investigate.

As he sniffed and looked carefully, he found some mysterious footprints. They were not from another panda, nor from any of the other animals in the forest. They were large, deep, and had a smell Puffy couldn't recognize. With his curious and adventurous spirit, Puffy decided to follow the footprints to find out what was happening.

The trail of footprints led him deeper into the forest. He met his friend Tino, the chatty toucan, who was chirping on a branch.

"Hi, Puffy! Where are you off to in such a hurry?" asked Tino with his usual enthusiasm.

"I'm following these mysterious footprints," replied Puffy. "Something is ruining our bamboo, and I want to find out what it is."

"Sounds like an exciting adventure! Can I come with you?" asked Tino, flapping his wings.

"Certainly!" replied Puffy with a smile. "You could help us with your sharp beak and keen eyes."

As Puffy and Tino continued along the trail, they met Gina, the agile gazelle. Gina was hopping through the bushes when she saw her friends.

"Hello, friends! What are you up to?" asked Gina, intrigued.

"We're following some mysterious footprints," explained Tino. "Something is destroying the bamboo, and we need to stop it."

"Can I join you?" asked Gina. "With my speed, I can quickly discover who the culprit is."

"The more, the merrier!" said Puffy. And so, the three friends continued their quest together.

After walking for a while, the trail of footprints led them to a hidden clearing in the forest. Here, they saw a huge machine with tracks and blades cutting down the bamboo. Beside it was a man, dressed in work overalls, operating the controls.

"What is happening?" exclaimed Puffy. "Why is this man destroying our home?"

Tino flew close to the machine and began tapping on the metal with his sharp beak to get the man's attention. Gina, with her speed, started running around the machine, causing enough confusion to make it stop.

The man looked surprised at the approaching animals. "What do you want from me?" he asked, clearly frightened.

"You're destroying our forest," said Puffy calmly but firmly. "Why are you doing this?"

The man sighed and explained, "I'm sorry, I didn't mean to cause harm. I work for a big company that wants to build a road through the forest. I was told to cut down the bamboo to make way for the construction."

The animals looked at each other, concerned. "But this is our home," said Gina sadly. "We can't let them destroy it."

Tino, with his quick wit, had an idea. "Why don't we talk to the head of the company? Maybe they don't know this forest is home to so many animals."

The man, moved by the animals' determination, agreed to take them to the boss. The next day, Puffy, Tino, Gina, and the man traveled to the big city where the company's office was located.

They entered the boss's office, a tall man with a thick beard, and explained the situation. "We didn't know the forest was so special," said the boss, surprised. "We thought it was just unused land."

Puffy spoke up. "This forest is our home. Without it, we animals wouldn't have a place to live. There are also rare and beautiful plants that need to be protected."

The boss, touched by Puffy's words and the animals' determination, decided to stop the construction immediately. "We'll find another route for the road," he said with a smile. "I promise to protect your forest."

The animals cheered with joy and thanked the boss for his understanding. They returned to the forest and began repairing the damage caused by the machine. Thanks to their determination and courage, the bamboo forest returned to its former glory.

From that day on, Puffy and his friends were considered the heroes of the forest. Their adventure showed that even in the face of difficulties, unity and determination can make a difference.

And so, Puffy, Tino, and Gina lived happily ever after in their beloved bamboo forest, knowing they had saved their home and protected their magical world.